KB268980

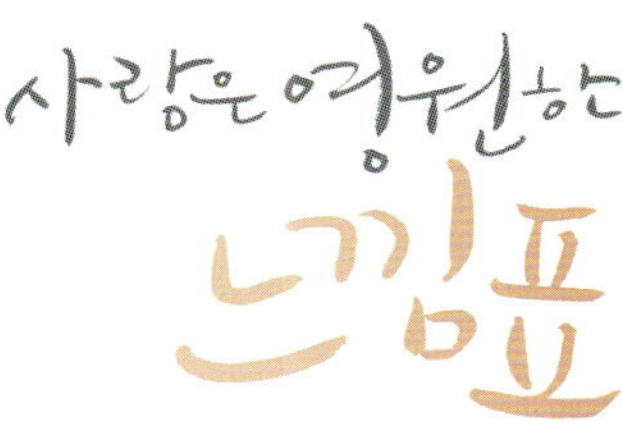

사랑은 영원한 느낌표

이현덕 시집

신교횃불

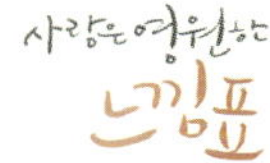

2018년 7월 2일 초판 발행

지은이　　이현덕
발행인　　김수곤
편집인　　윤필교
발행처　　도서출판 선교햇불
　　　　　전화 : (02)2203-2739
　　　　　팩스 : (02)2203-2738
등록일　　1999년 9월 21일 제 54호
등록처　　서울 송파구 백제고분로 27길 12(삼전동)
이메일　　ccm2you@gmail.com
홈페이지　www.ccm2u.com

ISBN 978-89-5546-393-4 03230

사랑은 영원한 느낌표

사랑은 영원한 느낌표

'과정의 영성'을 고백한 시

글은 작가의 마음 세계를 그린다. 희로애락의 묘사를 통해 철학과 신념과 비전이 제시된다. 혹은 황폐한 정신 세계를 숨길 수 없어 암울한 시대가 글 속에 고스란히 반영되기도 한다. 한마디로 글 속에서 작가는 숨을 공간이 없다. 그것이 짧은 에세이가 아니라 장편이라면 더욱 그렇다. 그럴진대 함축적 기법이 전면에 배치될 수밖에 없는 시적 장르에서 작가는 자신의 내면세계를 독자에게 공개하는 것에 다름 아니다. 어떤 면에서 작가에게 독자는 독재자와 같다. 정보와 감성을 전하되 철저히 독자에게 종속된다. 그렇기에 시인에게 제일 필요한 덕목이 용기일지도 모르겠다.

『사랑은 영원한 느낌표』의 시인에게도 같은 과정이 있었을 것이다. 내면으로부터 끓어오르는 감성을 표현하며 작가 개인의 만족을 넘는 일은 마치 영화 속에서 외계 생명체와 조우할 때와 같은 결단과 긴장이 있었으리라 상상된다. 이현덕 시인의 첫 작품에 박수를 보내며 격려하고 싶은 마음은 바로 그 때문이다. 용기를 내어 주신 것을 축복하며 감사드린다.

비단 일반적인 작가적 결심만은 아니다. 본서에 담긴

시들은 몇 가지 독특한 모습을 보인다. 시인의 신앙이 시 행 곳곳에 배어 있다. 단순히 감성의 발아나 감정의 표출이 아니었다. 각개 시들에 절대자를 향한 묵상이 오롯이 기초하고 있다. 인생의 원리가 소수의 파워 게임이나 자본주의의 횡포에 있지 않고 처음과 끝을 주관하는 분게 있다는 고백들이 모여 선율을 이룬 것이다.

아마 시인의 고백과 음색 속에서 향유하시다 보면 그게 대하여 조금은 알 수 있을 것이다. 추천인은 본 시인과 오랫동안 한 공동체에 몸담고 동역하여 왔다. 고난의 터널을 지나며 거기로부터 사색과 사역의 깊이를 더하였다. 시인 자신이 고난을 경험했으나 그것이 끝이 아님을 알았다. 오히려 고난이 자신을 다듬었고, 세웠다는 '과정의 영성'을 고백한다. 시인과 함께 호흡하려는 독자에게 이 울림은 숙명처럼 전달될 것이다.

본 시집을 다시 축복하고 싶다. 이현덕 시인이 매주 만나는 아기들에게 그러하듯 말이다. 가장 어린 생명을 대하던 창조의 순수성을 독자들도 발견할 것이다. 창조자의 숨결이 절망과 아픔으로 신음하는 영혼에게 포근한 봄바람처럼 이어 오길 소망한다. 그래서 시인 뒤에 계신 분이 뒷동산 가장 높은 곳에서 어둠 속의 별처럼 반짝이시기를 꿈꾼다.

송태근 | 삼일교회 담임목사

고난의 아픔을 아름다운 영혼의 노래로

오늘 우리 사회가 놀라운 경제 성장을 이룩한 것과는 달리 많은 사람들이 심리적으로는 그다지 행복하지 못하다고들 말한다. 경제 성장으로 인해 생활이 발전한 것에 비하면 정신적인 문제는 그에 상응하는 발전을 이루지 못했기 때문이다. 외적인 것에만 몰두한 나머지 정신적인 내면의 문제를 소홀히 한 결과일 것이다.

바로 이러한 때에 이현덕 전도사님이 의미 깊은 시집을 내놓았다. 나는 시인의 시를 읽으면서 깊은 감동을 받았다. 모처럼 반갑고도 고마운 시집을 만난 기쁨이다. 이 시집은 의식의 피안에서 산책하는 정도의 사색이 아니라 무의식의 깊은 우물에서 길어 올리는 샘물이요, 문학적인 언어의 조탁(彫琢)을 거친 인위적인 것이 아니라 내면에서 우러나오는 순수한 마음의 경험이기 때문이다. 마치 성령에 이끌림을 받아서 쓴 것 같기도 하다. 운율이 노래처럼 살아 있으면서도 깊은 심층에서만 나오는 탄원, 심도 깊은 신앙의 힘이 읽는 사람의 마음을 압도한다. 그런 연유로 이 시들은 모두 새로 쓴 시편이 아닌가 하는 생각이 든다.

이 시집은 폐원된 심령, 휘움한 모래언덕 같은 우리 데게 정원을 만들고 새로운 물줄기를 내어 생명수를 공급하고 있다. 그래서 이 시집은 한 번 손에 잡으면 끝까지 읽게 만드는 마력이 있다. 실로 우리 그리스도인들에게 새로운 각성과 함께 신앙의 시각적 전환을 가져오기에 충분하다. 시인이 고난의 아픔을 신앙으로 녹여낸 시에는 절망에서도 분연히 일어나는 놀라움과 어두운 심연에서도 희망으로 채색하는 긍정성을 만나게 하는 놀라운 위력이 있다. 시를 읽는 사람의 영혼에 깊은 울림을 주기 때문일 것이다. 실로 이 시집은 우리가 만날 수 있는 삶의 문제를 진실하게 직면하면서도 아름다운 영혼의 노래로 승화시키는 점이 돋보인다.

이 시집을 읽으면 좌절로 신음하는 사람이 희망을 경험하고, 고통 중에 있는 사람은 푸른 초원을 걷는 기분을, 미움으로 심령이 어두운 사람은 위대한 용서와 사랑으로 마음이 수놓아질 것이다. 그리고 주님과 거리감이 있는 사람은 감겨 있는 영혼이 눈을 뜨게 될 것이다. 아울러 좋은 시집을 출간한 시인에게 고마움과 함께 마음 깊은 박수를 보낸다.

김충렬 | 한국실천신학회 이사장

마음속에 잠자고 있는 느낌표를 깨우다

따뜻함과 열정! 시인을 생각하니 순간 떠오르는 단어들이다. 시인을 뵐 때마다 밝은 미소로 반갑게 맞아 주시고 하나라도 더 챙겨 주시고, 섬겨 주시는 넉넉한 인심이 나의 마음을 늘 따뜻하게 해 준다. 내 강의가 끝날 때마다 배움의 기쁨과 즐거움에 푹 빠진 젊은 학생처럼 볼 붉은 얼굴로 다가와서 배운 것들과 사역에 적용할 점을 나누어 주실 때는 가르치는 사람의 마음을 더욱 뜨겁게 해 준다. 내가 경험한 시인의 따뜻함과 열정은 『사랑은 영원한 느낌표』라는 이 시집의 제목과 정말 잘 어울리는 것 같다.

시를 읽어 나가며 그 따뜻함과 열정의 진원지가 다름 아닌 시인이 겪은 인생의 고난이라는 것을 보게 된다. 고난은 시인의 표현을 빌리자면 '잡을 것이 없으면 거미줄도 잡으려고 덤비기에' 생겨나는 것이며, 심지어 생명줄을 잡기 위해서는 거미줄을 놓아야 함에도 불안해서 여전히 놓지 못할 때 생겨나는 것이 아닌가 생각한다. 고난에 직면하는 고통에 대한 자연스러운 반응은 불평과 원망이다.

그러나 불평과 원망마저 할 수 없을 정도로 지쳐 있을 때 그것은 기다림으로 바뀌고 그 순간, 새벽 미명을 비추는 밝은 태양빛처럼 고난의 현장에 하나님의 사랑과 은혜가 임하게 된다. 시인의 고백처럼 고난은 하나님을 만나기 위해 보낸 전령이다. 그 전령을 만날 때 불평과 원망은 감사와 찬양으로 바뀐다. 단순한 느낌표가 아니라 사랑이 담긴 영원한 느낌표가 된다. 이러한 시인의 고백은 고난의 인생 속에서 자신의 영혼을 붙드시고 인도하시는 하나님의 사랑과 은혜를 노래한 다윗의 시편을 연상시킨다.

시를 읽자마자 시의 세계로 푹 빠져들게 된다. 시인의 이야기가 마치 나의 이야기처럼 느껴졌기 때문이다. 시를 읽을수록 내 인생의 고난 속에 겪은 아픔이 그리고 그 속에서 발견한 하나님의 사랑과 은혜가 새록새록 떠오른다. 공감이 감탄이 되고, 감탄이 감격이 되고, 감격이 은혜가 되고, 은혜가 결단이 된다. 시인이 인생에서 발견한 느낌표가 내 마음속에 잠자고 있는 느낌표를 깨운다. 눈으로 읽기 시작한 시가 나도 모르는 사이에 입으로 읽는 시가 된다. 그것은 시인이 발견한 그 느낌표가 내 마음속에도 새겨지기를 바라는 마음 때문일 것이다.

인생의 고난 속에 지쳐 있는 분들에게, 자신의 삶에 사랑이 담긴 느낌표를 찍고 싶은 분들에게, 왠지 모르지만 자신의 마음을 담은 시를 쓰고 싶은 충동을 느껴 본 분들에게, 고난 속에서 경험하는 하나님의 사랑과 은혜를 경험하고 싶은 분들에게 이 시집을 권한다.

유경상 | CLC 기독교세계관교육센터 대표

차례

추천사 | '과정의 영성'을 고백한 시 • 4
고난의 아픔을 아름다운 영혼의 노래로 • 6
마음속에 잠자고 있는 느낌표를 깨우다 • 8

머리말 | 주님을 향한 나의 사랑 고백 • 14

1장

주님과 함께
모험으로
사는 인생

주님과 동행하는 오늘 • 21
하나님의 방식 • 22
그리 아니하실지라도 • 24
고난 속에서 만난 주님 • 26
기적이 일어날 때 • 28
기다림의 힘 • 29
주님의 때 • 30
함성 • 32
여리고 성은 • 34
징계 • 35
새벽 • 36
주님의 마음 • 39
지금이 더 좋아요 • 40
이삭을 드리며 • 42
영광의 주자 • 44

2장

**내려놓는
믿음**

나는 주님의 동역자 • 49
느낌표가 있는 삶 • 50
십자가 밑에서 • 52
아버지 바라기 • 54
진실함으로 • 56
은혜로 날 덮으시고 • 57
주님의 눈은 • 58
그 이름 예수님 • 60
내 사랑 예수님 • 62
안전지대는 어디에 • 64
은혜가 임하면 • 66
넘쳐야 산다 • 67
내려놓는 믿음 • 68
주님의 모습 • 70
서두르지 않으시는 주님 • 72

3장

**가장 나답게
산다는 것은**

그 누구의 탓도 아닌 • 77
내 안에 사는 이 • 78
제자리 찾기 • 80
나는 주님의 걸작품 • 82
내 모습 이대로 • 85
지금은 공사 중 • 86
나의 새 이름 • 88
내가 나 된 것은 • 90
이제 채우렵니다 • 91
많은 사람들은 • 92
주님과 함께 출발 • 94

4장

사랑은
영원한
느낌표

용서 · 99
사랑의 노예 · 100
사랑의 힘 · 102
사랑은 영원한 느낌표 · 104
사랑은 배워 가는 것 · 106
이런 가정이 되게 하소서 · 108
타임 아웃 · 111
가정 · 114
내 생애 최고의 선물 · 116
어머니는 하나님의 소망 · 118
아버지의 눈물 · 119
은혜 주소서 · 122
소망의 나무 · 124

5장

너, 지금
기도할 수
있잖니!

절망 속에서 할 수 있는 것 · 129
기도는 · 130
응답 · 132
너, 지금 기도할 수 있잖니! · 134
믿음은 1 · 136
믿음은 2 · 138
믿음은 3 · 140
믿음으로 걷게 하소서 · 142
참 평안은 · 144
삶이 곧 기도 · 145
이제야 누립니다 · 146
형통을 누릴 때 · 149
앞서 가시는 주님 · 150
기적은 · 152

6장

광야 신학교

고난은 나의 친구 · 157
광야 신학교 · 158
고난의 터널 · 160
주님의 침묵 · 162
어둠아, 너 지금 · 165
또 울어요 · 166
좋은 군사가 되려면 · 168
연단 · 170
연단, 그 후 · 172
믿음, 소망, 사랑의 훈련장 · 174
고난의 학교 졸업장 · 176
나 노래하리라 · 178
밤중의 노래 · 180
인생의 노래 · 182
나도 인내하노라 · 184

7장

은혜로 사는 하루

산다는 것은 황홀하다 · 189
이런 하루가 되게 하소서 · 190
오늘의 양식 · 192
은혜로 사는 하루 · 193
오늘 하루 주님을 기대하며 · 194
나 이제야 · 196
어젯밤에는 · 198
영원한 것 · 199
내일을 잘 준비하려면 · 200
지금 어디로 · 202
다 아름다워요 · 204
가나안에 들어가려면 · 206

주님을 향한 나의 사랑 고백

어머니의 품 안은 항상 따뜻한 보금자리입니다. 어린 시절, 그 품 안에서 사랑을 받으며 사랑을 알게 되었고 배우게 되었습니다. 자라서 어머니의 품을 떠날 때 그 사랑과 함께 떠났기에, 살아가면서 어려움이 있어도 그 품을 생각하면서 항상 행복했습니다. 그리고 그 사랑은 가족을 사랑하고, 이웃을 향해 나아가기 시작했습니다.

많은 사람들은 살기 힘든 세상이라고 말하지만 그래도 살아갈 만한 이유는 아직도 서로를 사랑하는 따뜻함이 있기 때문입니다. 사랑은 사랑의 근본이신 하나님의 사랑에서 시작되어 부모라는 통로를 지나 자녀, 이웃, 사회로 퍼져 나가 이 세상을 따뜻하게 만들어 줍니다.

어린아이였을 때 어머니를 통해 예수님을 알게 되었고, 어머니를 신뢰할 수 있었기에 그분이 믿는 하나님을 자연스럽게 신뢰할 수 있었습니다. 사랑은 받아야만 알 수 있고, 느껴져야만 마음에 새길 수 있습니다. 어머니의 사랑을 받은 자만이 그 사랑을 알듯이 하나님의 사랑을 받은 자만이 그 사랑을 알 수 있습니다. 그래서 사랑은 영원한 '느낌표'입니다.

부모의 품을 떠나 인생의 바다에서 항해할 때에 많은 어려움과 고난을 만날 수밖에 없었지만, 그 사랑이 있었고 그 사랑을 알았기에 묵묵히 견딜 수 있었습니다. 이 고난은 훈련과 연단으로 이어져 이제 주님의 깊은 사랑을 깨닫고 알게 되었습니다.

주님은 고난 중에 나의 삶을 통해 한편 한편 시를 쓰게 하셨습니다. 처음에는 나에게 온 고난이 너무 아프고 힘들어서 울었고, 원망과 불평이 나오기도 했습니다. 그러나 주님은 내 영혼을 어루만지셨고 십자가의 사랑을 깨닫게 하셨습니다. 인생의 주인이 주님이심을 알게 하셨을 때 찬양이 터져 나왔습니다.

고난에는 주님의 깊은 뜻이 있음을 깨달은 후, 이제는 그 고난을 주신 주님께 감사하게 되었습니다. 이 고난은 내 영혼의 불순물을 뽑아내는 광야학교였습니다. 힘들 때마다 주님이 말씀을 통해 위로해 주셨고, 준비된 사람들을 통하여 많은 사랑을 받게 하셨습니다. 그리고 주님은 내 삶을 통하여 주님만을 찬양하고 감사하는 시를 쓰게 하셨습니다. 이 시는 주님을 향한 나의 사랑의 고백입니다. 너무 부족하고 연약한 나를 오늘의 자리까지 세우기 위하여 인도하셨던 내 생명이신 주님께 감사와 영광을 올립니다.

주님은 내 인생에 가장 큰 스승 두 분을 주셨습니다. 한 분은 나를 이 땅에 태어나게 해 주시고 생명의 복음을 전해 주시며, 어린 시절에 믿음의 삶을 보여 주고 인도해 주셨던 어머니입니다. 그 어머니는 지금도 나의 영적 멘토입니다.

또 한 분은 나의 영적 스승이신 송태근 목사님입니다. 매주일 송 목사님의 강해설교 말씀은 사역자로서 어떻게 살아가야 되는지를 깨닫게 함으로써 영적으로 한층 성숙하도록 나를 빚어 주는 자양분이 되었습니다. 그 말씀을 듣는 시간이 얼마나 귀한지 눈물을 흘리면서 말씀을 마음에 새겼습니다. 내게 임했던 고난의 현장들은 내 믿음을 점검하고 믿음의 삶으로 성숙시키는 믿음의 학교였음을 새삼 깨닫게 되었습니다. 이 지면을 빌려 존경하는 송태근 목사님께 진심으로 감사를 드립니다.

한 사람이 세워지기까지 수많은 사람들의 사랑의 수고가 있었습니다. 고난의 훈련 속에서 묵묵히 기도로 함께하셨던 부모님과 사랑하는 동생 석인, 경덕, 혜영, 은영, 석민, 그리고 올케들과 제부들에게 감사를 보냅니다. 항상 바쁜 엄마를 이해하고 도와주었던 사랑하는 딸 유진이와 예진이에게 감사를 보냅니다. 주님의 크신 사랑을 전해 주셨던 박천계 장로님 내외분, 허경 장로님 내외분, 신혜정 집사님 내외분께 감사드리고, 영아 1-2세부

와 태아부모학교 교사들께 감사를 드립니다. 또한 기독교상담을 가르쳐 주시고 상담의 멘토가 되어 주신 김충렬 교수님과 기독교 세계관 강의를 통해서 하나님의 눈으로 세상을 바라보는 눈을 뜨게 해주신 유경상 대표님께 감사드립니다. 그리고 이 시가 세상에 문을 열고 나올 수 있도록 예쁘게 책을 만들어 주신 기록문화 윤필교 대표님께 감사드립니다.

인생이 힘들다고 하지만 주님이 주인이시기에 인생은 아름답습니다. 지나간 고난도 아름답고, 주님 손 안에서 만들어진 내 모습도 이제는 좋습니다. 지금까지 넘치는 주님의 사랑을 받았으니 이제는 사랑의 빚진 자로 주님이 사랑하는 자들을 사랑하며 섬기고 싶습니다. 동일한 삶의 고난을 겪는 당신이 이제 나와 동일한 느낌을 가져 볼 수 있는 이 시의 세계 속에서 잠시 산책을 같이 하기를 바랍니다.

청파골에서
이현덕

주님과 함께
모험으로 사는 인생

주님과 동행하는 오늘

나는 오늘
주님과 동행하는
모험을 시작했어요.

너가 그렇게도 의지하는
세상의 줄을 모두 끊었어요.
아무것도 없어야
주님만을 의지하기 때문이죠.

잡을 것이 없으면
거미줄도 잡으려고 덤비기에
생명줄을 잡으려고
거미줄을 놓은 것뿐.

오늘부터 나는
주님과만 동행하는
기적의 드라마를 쓸 거예요.

하나님의 방식

하나님의 뜻을
알면서도
순종하지 않았습니다.

그분의 뜻을
거부하고 망설이며
고집을 부렸습니다.

그러나
하나님은 그분의 방식대로
나를 다루셨습니다.

나는
고집만 부리다가
세월을 잃었다고 생각했습니다.

오랜 방황 끝에
즈님께 돌아와 보니
잃은 것이 아무것도 없습니다.

하나님은
모든 것을 일곱 배나
준비해 놓으셨습니다.

그리 아니하실지라도

장미꽃이 핀 길을 원했더니
주님은 가시밭길로 인도하셨네.
육신의 평안함을 원했더니
주님은 고난의 가시밭길을 주셨네.

평탄한 길을 원했더니
주님은 십자가의 길을 예비하셨네.
소욕의 비늘이 다 벗겨질 때
나는 새로운 눈을 떴네.

십자가가 보이고
영광의 나라가 보이네.
못자국 난 주님의 손이 만져지고
사랑의 손길 느껴지네.

조용히 다가오시는
사랑의 음성 들으며
이제야 고백하는 말.

"그리 아니하실지라도
날마다 주님만을
사랑합니다."

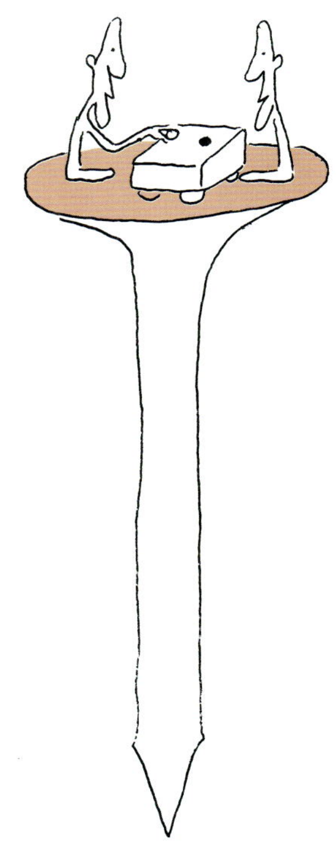

고난 속에서 만난 주님

눈을 뜰 수도 없는
고난의 폭풍 속에서
몸부림치며 외쳤지요.
"주님 나를 버리셨나요?"

기나긴 훈련 속에서
만난 강적이 있었으니
바로 나 자신이었어요.
나를 포기하기가 너무 힘들었지요.

그렇지만 주님의 열심은
나를 꽉 붙드시고
주님의 방식대로
열심히 작업하셨지요.

부서지는 아픔과
썩어지는 아픔 속에서
나에 대해 완전히 절망했을 때
나를 포기할 수 있었습니다.

“주님, 나는 없습니다!”
그 순간, 기적이 일어났어요.
내가 없어진 그 자리에
즈께서 만드신
새로운 내가 서 있었습니다.

“얘야,
너를 만나기 위하여
내가 고난이란 전령을 보냈지.
일어나라.
나와 함께 가자!”

기적이 일어날 때

기적이 필요할 때에도
기적이 일어나지 않을 때도
주님의 깊은
뜻이 있습니다.

기적은
완전히 절망했을 때
모든 것을 다 포기했을 때

내가 완전히 죽었을 때
온전히 믿을 때
그때서야 일어납니다.

그 기적을
맛보시렵니까?
그때를
먼저 받아들이세요!

기다림의 힘

기다림의 힘은
어디서 올까요?

삶의 현장에서
앞은 홍해요
되에는 애굽 군대일지라도
주께서 이루실 큰 기적을
믿음의 눈으로 바라보며
오늘도 그때를 기다립니다.

주님은
믿음의 훈련을 통하여
기다림을 배우게 하십니다.

주님의 때

주님의 때를
기다릴 줄 아는 자가
되게 하소서.

하늘을 향해 경쟁하듯
치솟은 빌딩은
땅 속 깊이 뿌리박은
인내의 기초가 있었듯이

찬란한 새벽의
여명이 있기까지는
긴 어둠의
말없는 행진이 있었습니다.

온 세상을 뒤엎었던
생명의 부활 뒤엔
십자가의 죽음이 있었지요.

주님은 오늘도
그날을 위해 준비하고 계십니다.

이제는
급하게 서두르거나
몸부림치지도
아니합니다.

조용히 무릎 꿇고
십자가만을 바라보면서
주님이 정하신 그때를
묵묵히 기다립니다.

바로
때가 찬
그때를!

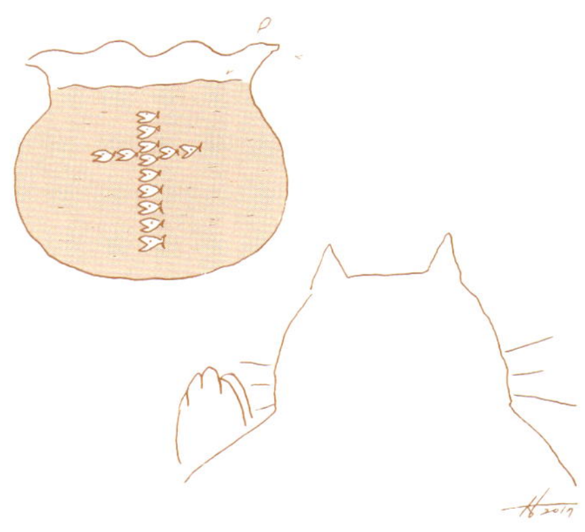

함성

터트리고 싶습니다!
그러나 주님은
참으라 하십니다.

외치고 싶습니다!
그러나 주님은
소리를 아끼라 하십니다.

주께서 승리를 주시는 그날에
감사의 찬양을 터트리기 위하여
오늘은 숨을 죽이라 하십니다.

주님 앞에 서는 그때에
감격의 함성을 지르기 위하여
차곡차곡 쌓아두라 하십니다.

주께서 터트리라 하실 때까지
주께서 외치라 하실 때까지
목소리를 아낍니다.

그러나 목이 터져라
외칠 영광의 함성을 위하여
오늘은 준비 중입니다.

여리고 성은

그렇게도 소망하던
가나안 땅에 들어왔지만,
거대한 여리고 성이
앞길을 막네요.

철벽과 같은 성을 보니
두려움이 엄습하여
뒤로 다시
도망가고 싶어요.

이 성을 정복해야
가나안 땅에 들어가는데
어떻게 이 성을
정복할 수 있을까요?

한 발자국 한 발자국
말씀만 의지하고 순종하였더니
주께서 그 거대한 성벽을
무너뜨려 주셨습니다.

징계

징계하실 때는
주님의 계획이
있지요.

징계하실 때는
주님의 목표가
있답니다.

참 회개를 이루어
주님의 은혜를 회복하는
징계는 사랑의 전령.

주님의 손은
회개할 때 멈추시고
순종할 때 시작하시며
감사할 때 넘치게 하십니다.

"징계는 다 받는 것이거늘
너희에게 없으면 사생자요
친아들이 아니니라"(히 12:8).

새벽

칠흑같이 어두운 밤
암흑 속에서는
아무것도 보이지 않아
진실도 거짓도
알 수 없었지요.

진실이 밝혀질
그 새벽만 고대하며
기다리던 어느 날,
그렇게도 기다리던
새벽이 왔어요.

갑자기 비추기 시작한
한 줄기 빛!
그 찬란한 빛이 내리자
어둠은 소리도 없이
순식간에 사라졌어요.

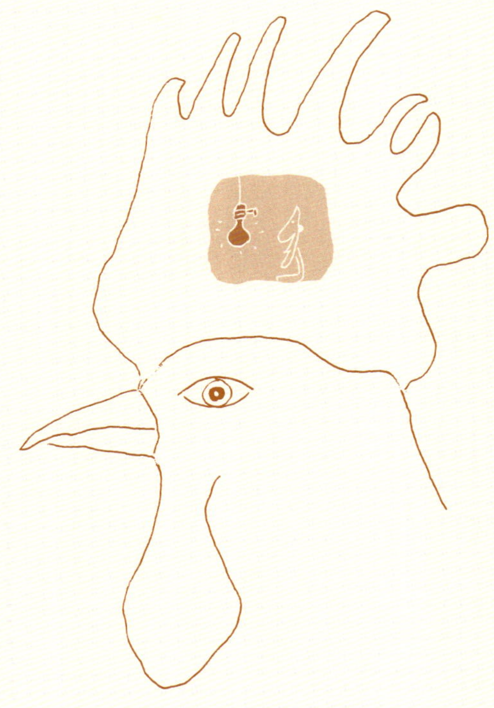

어둠이 오기 전에
새벽을 준비하셨던 주님,
그 새벽은
이미 어둠의 끝자락에
놓여 있었습니다.

어둠의 터널 끝에
새벽의 여명이 있기에
찬란한 이 새벽을
설렘으로 맞는 사람은
어두운 밤을 통과한 사람입니다.

주님의 마음

주님은
내가
가장 아끼는 것을
내놓으라 하셨습니다.

주님은
내가
가장 소망하는 것을
버리라 하셨습니다.

주님은
내가
가장 사랑하는 것을
달라고 하셨습니다.

그 후에 주님은
모든 것을 다 가지신
주님 자신을
나에게 주셨습니다.

지금이 더 좋아요

10년 전
고난의 문제만 해결해 주신다면
행복할 거라고
주님께 매달렸어요.

7년 전
고난의 가시를 품에 끌어안고
사랑으로 그 가시를 품게 해달라고
기도했어요.

5년 전
아직도 부서지지 못한 내 모습을 보며
주님의 모습을 닮아가게 해달라고
간구했어요.

2년 전
상한 영혼을 치료하시어
빈 그릇으로 주님께 드리게 해 달라고
눈물지었어요.

그런데
오늘 다시
벅차오르는 감격으로
주님 앞에 섰습니다.

만약 주님이
10년 전 모습으로 돌려줄까 물으신다면
훈련된 지금의 내가 더 좋아서
그때로 돌아가고 싶지 않다고 할 거예요.

이삭을 드리며

하나님이 이삭을
바치라고 하실 때
난 정말
죽는 줄 알았습니다.

이삭은
어떤 것과도 바꿀 수 없는
바로 내 생명이었습니다.

고민하고
또 고민하다가
이삭 대신
내가 죽었습니다.

주님은
이삭을 원하신 것이 아니라
나를 원하셨습니다.

나를 내려놓고
순종의 손을 높이 들 때에
갑자기 주님의 음성이 들렸습니다.

"그 아이에게 네 손을 대지 말라
그에게 아무 일도 하지 말라
네가 네 아들 네 독자까지도
내게 아끼지 아니하였으니
나가 이제야
네가 하나님을 경외하는 줄을 아노라"(창 22:12).

영광의 주자

나는 본향을 향해 가는
영광의 주자.

믿음의 선진들의
배턴을 이어받아
나의 길을 묵묵히
달려갑니다.

뼈를 찌르는 아픔과 탈진으로
주저앉고픈 유혹이 올 때
십자가 바라보며 새힘 얻어
또다시 달려갑니다.

박수와 함성소리 들리지 않지만
피 묻은 주님의 손 만지고
세미한 음성 들으며
오늘도 달려갑니다.

치밀하게 계획하신 그 예정 속에서
조금도 오차가 없는 그 섭리 속에서
꿈을 안고, 꿈을 키우며
달려가는

나는
주님의 영광된
복음의 주자.

2장

———

내려놓는 믿음

나는 주님의 동역자

아브라함과 요셉
마리아, 바울과
동역하셨던 주님.

주님은
혼자서 일하실 수 있지만
나와 동역하길 원하십니다.

우리의 삶 속에서
말씀을 전하고 사랑을 실천함으로
주님의 모습을 드러내며
동역하기 원하시는 주님,

나는
주님의 희망! 기쁨!
나는
주님의 동역자!

느낌표가 있는 삶

예전엔
주님의 큰 은혜를
몰랐는데
이제야 깨달았습니다.

병상에서도
지쳐서 쓰러졌을 때도
연약하여 넘어졌을 때도
주님의 은혜가 넘쳤다는 것을.

팍팍하던 내 삶에
느낌표가 들어오던 날!
이제 눈을 떴습니다.
주님의 은혜….
이제 보입니다.
주님의 섭리….

십자가 밑에서

조그만 거슬림에도
즉각 반응했던 내가
십자가 밑에서
주님의 겸손과 온유함을
배웠습니다.

훈련되지 않은 야생마 같던
내 자아가
십자가 밑에서
주님을 신뢰하는 것을
배웠습니다.

불평과 원망으로 꽉 찼던
내 마음을
십자가 밑에 내려놓을 때
뜨거운 눈물의 찬양이
터졌습니다.

이제는 십자가 밑에서
말씀으로 나를 다스리고
말씀 앞에 순종합니다.

오늘도
온유한 마음으로
십자가 밑에서
주님의 뜻을 기다립니다.

아버지 바라기

아침에 일어나면서
주님의 이름을 부릅니다.
오늘도 말씀 따라 순종하기를.

날마다 순간마다
주님의 이름을 부르지 않고는
설 수 없나이다.

예전에는 스스로 설 수 있다고
만용을 부렸는데
고난의 훈련을 통해
아무것도 할 수 없음을 배웠나이다.

내 아버지의
작은 기침소리에도
천지는 벌벌 떠나이다.

내가 진정 의지할 분은
오직 내 아버지뿐이니
아버지, 붙들어 주소서.

어린아이와 같이
순전함으로
뜻을 기다리나이다.

영혼 깊은 곳에서
우러나오는 간절함으로
아버지만 바라보는
나는 아버지 바라기.

진실함으로

날마다 진실함으로
주님 앞에 서게 하소서.
거짓과 타협해도 안 돼요.
거짓으로 포장해도 안 돼요.

주님의 눈은 온 우주를
손바닥처럼 환히 보시거든요.
재판장이신 주님 앞에 서면
만물이 벌거벗은 것처럼 드러난대요.

오늘도, 내일도
주님 앞에 진실한 사람으로
서게 하소서.

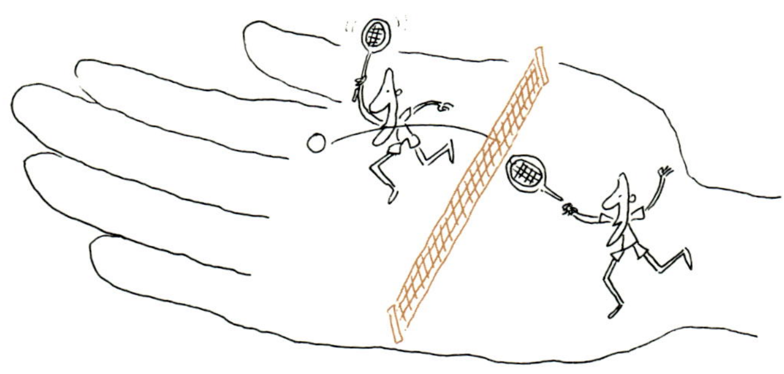

은혜로 날 덮으시고

철부지 어린아이처럼
인생을 모르며 뛸 때에도
자만과 교만으로
눈을 감을 때에도
즈님은 은혜로 나를
덮으셨나이다.

인생의 비바람에
휘청거리며 넘어질 때에도
눈물과 고통의 탄식 속에
어둠의 터널을 통과할 때에도
큰 은혜로 나를
덮으셨나이다.

풀무불의 연단을 통해
주님만 신뢰하는 것을 배우고
은혜에 빚진 자로
세상을 향해 달려 나갈 때
더 큰 은혜로
나를 덮으시나이다.

주님의 눈은

주님의 눈은
고층 빌딩도
거대한 산맥과 드넓은 바다도
보지 않으십니다.

주님의 눈은
주님의 피로 사신
택한 백성을
보십니다.

주님의 눈은
고난당하고 상처 입은 자
통회하는 자를
보십니다.

주님의 눈은
심령이 가난한 자
의에 주리고 애통하는 자
화평케 하는 자를
보십니다.

주님의 눈은
온유한 자
겸손한 자
생명같이 사랑하는 자를
보십니다.

그 이름 예수님

세파 속에서 오늘도
지친 영혼
쉴 곳을 찾았으니
그 이름 예수님!

나를 위해 오셨고
나를 위해 죽으셨으며
나를 위해 부활하셨고
나를 위해 오실
그 이름 예수님!

어제도
오늘도
내일도 그분 때문에 살아갈
나의 생명 되신
그 이름 예수님!

육신의 입으로
감히 부를 수 없어
깊은 영혼의 메아리로
부르는 이름
그 이름 예수님!

주님의 사랑 속에 묻혀서
나는 보이지 않고
보기는 것은
십자가 위의
그 이름 예수님!

내 사랑 예수님

가슴이 두근거리고
얼굴이 붉어지네요.
님을 그리워하는 아가씨처럼.

가슴이 설레고
콧노래가 저절로 나오네요.
새신랑을 기다리는 새색시처럼.

생각만 해도 웃음이 피어나고
어깨춤이 저절로 추어져요.
그분이 먼저 사랑해 주셨기에.

인생의 긴 여정을 통과하면서
그 사랑을 느끼고
그 사랑을 보았어요.

나는 지금 너무나 행복해요.
지금 사랑에 빠져 있거든요.
그 누구도 이 사랑을
빼앗아 갈 수가 없어요.

도가니에서 고열을 견디며
그 사랑을 알았어요.
영원히 변치 않는
십자가의 사랑을!

이제,
어디를 가든
무슨 일을 만나든
아무 걱정 없어요.

영원한 그 사랑
예수님이 내게
있기 때문이에요.

안전지대는 어디에

이 세상에서
가장 행복하고 편안한
안전지대는 어딜까요?

이리 뛰고 저리 뛰며
나만이 누릴 수 있는
안전지대를 구축하느라
온 힘을 다했습니다.

그렇게 모든 것을 다 바쳐
공든 탑을 쌓느라고
얼굴에 주름이 생기고
머리가 백발이 되어가는 줄도
몰랐습니다.

그러던 어느 날, 갑자기
다지막 종이 울려서
안전지대에 들어가 보지도 못하고
인생이 끝났습니다.

믿으려 했지만
믿을 수 없는 인생
이 땅의 참 안전지대는
인생의 주인이신
주님뿐!

은혜가 임하면

은혜가 충만할 때는
감사와 찬양이 넘쳤는데
은혜가 점점 멀어져 갈 때
원망과 불평이 쏟아집니다.

주님은
고난의 바람을 보내시어
나를 흔드시고 깨닫게 하실 때
왜 나만 아파야 하냐고 되물었죠.

그때 들려오는 주님의 세미한 음성,
"난, 너를 위하여 죽었노라."
주님의 은혜가 임하자
나는 점점 작아져 가고
주님은 점점 더 커져 갑니다.

오, 주님
나는 먼지같이 작아지게 하시고
주님의 영광만 나타나게 하소서!

넘쳐야 산다

은혜가 넘치지 아니하면
자신만 드러나서
교만으로 넘어집니다.

은혜가 넘치지 아니하면
삶으로 나타나지 못하기에
위선일 수밖에 없습니다.

은혜가 내게 넘칠 때
니 삶을 적시고
흐르고 흘러
온 세상을
조실 수 있습니다.

주님 주신 그 은혜가
내게 넘쳐서
주님의 사랑으로
온 세상을
적시게 하여 주소서!

내려놓는 믿음

혼자서 인생의 짐을
다 지시겠다구요?
아니에요.
하나님이 지셔요.

아무도 내 사정을 모른다구요?
아니에요.
머리털 하나까지 세시는
하나님이 다 아신다니까요.

또다시 불안하여
그 짐을 다시 지려 하신다구요?
아니에요.
이제 하나님께 다 내려놓으세요.

믿기만 하세요.
이제부터는 하나님이
다 하신다는 사실을!

살아 계신 하나님은
지금 바로
당신의 믿음을 원하십니다.

"수고하고 무거운 짐진 자들아
다 내게로 오라 내가 너희를 쉬게
하리라"(마 11:28).

주님의 모습

예고 없이 불어 닥친
인생의 광풍 앞에서
울며 외치는 말
"주님, 한번만 보고 싶어요!"

계속 이어지는 길고 긴 훈련장에서
혼자 있는 것 같은 외로움에
울며 하소연하는 말
"주님, 손길 느끼고 싶어요."

꼭 한번만이라도
그 모습 보았으면…
꼭 한번만이라도
그 손길 느껴 보았으면…

주님은
주님의 사람들을 보내셔서
그 모습을 보여 주셨고
말씀을 통하여 나를 만져 주셨죠.

그리고 말씀하셨죠.
"이제는 네가
내 모습을
사람들에게 보여 주렴."

서두르지 않으시는 주님

나는 날마다 기도하는데
주님은 왜 속히
응답하지 않으실까?

내 영혼은
주님을 찾기에 갈급한데
주님은 왜 침묵하실까?

하지만
내 머리털까지 헤아리시는 주님은
내 모든 사정을 다 아시죠.

고요한 침묵 속에서
역사를 호령하시며
주님은 혼자 일하십니다.

조금의 오차도 없는
완전한 섭리 속에서
주님은 오늘도 일하십니다.

서두름도 급함도 없으신 주님은
그분의 섭리 속에서
그날, 그때를 준비하십니다.

3장

가장 나답게 산다는 것은

그 누구의 탓도 아닌

지금의 이 고난은
남편 탓도 아내 탓도 아니고
부모 탓도 자식 탓도 아니며
그 누구 탓도 아닙니다.

단지 지금은
주님께서
나를 만지시는 것뿐.

금 그릇이라도
깨끗하지 못하면
쓰실 수 없기에
지금은 공사 중입니다.

주님이 원하시는 그릇은
바로 나이기에
오늘 나를
만지시는 것뿐.

내 안에 사는 이

오늘도 나를 만드시는
주님께 찬송을 올립니다.

그 훈련 통과하느라고
숨을 헐떡이며 달렸습니다.

혹시나 탈락될까 봐
앞만 향해 뛰었습니다.

이제서야 주님의 뜻을
조금이나마 알 것 같아요.

이 훈련을 통하여
주님만 닮게 하시려고….

이제 십자가 밑에
옛 성품은 가루가 되어
흔적도 없이 사라지게 하소서.

이제 내 안에 사는 이
내가 아니라
그리스도가 되게 하소서.

제자리 찾기

달리는 기차가
레일 위를 탈선할 때
바다 위의 배가
항로를 이탈할 때
비극이 일어납니다.

남편이 남편의 자리를
아내가 아내의 자리를
자녀가 자녀의 자리를 떠날 때
비극이 시작됩니다.

피조물이 유혹을 받아
자신이 피조물임을 망각하고
그 자리를 떠남으로
역사의 비극이 시작되었죠.

하지만
주님의 십자가는
인생이 피조물임을 깨닫게 하여
본래의 자리로
돌아가게 하였습니다.

물고기는 물에서만
참새는 공중에서만
참 자유함을 누리듯이
인생은 진리 안에서만
자유함을 누릴 수 있습니다.

주님은 말씀하십니다.
"진리를 알지니 진리가 너희를 자유롭게 하리라"
(요 8:32).

나는 주님의 걸작품

주님의 작품은
주님의 손에서
만들어집니다.

그릇의 모양도
주님의 뜻에 따라서
오직 그분이 원하시는 그릇으로
만들어져 나옵니다.

우리는
주님의 손에 들려지기 전
죄로 일그러진 질그릇.
울퉁불퉁하고 뾰쪽하게 모가 나서
스치는 이마다 상처만 주는
일그러진 그릇이었어요.

그런데
가시와 돌멩이를 걸러 내고
뜨거운 용광로에 집어넣은 뒤
다시 반죽하시고
주인의 손으로
새로운 작품을 만드셨지요.

주님의 손이 닿은 것만큼
만들어져 가고
주님의 손이 스친 것만큼
다듬어져 가고
주님의 손으로 만진 것만큼
아름다워져 갑니다.

주님의 손은
창조의 손!
능력의 손!

사랑의 손!
복주시는 손!

주님의 손이 닿은 자는
새롭게 빚어진 복의 통로!
주님의 손이 닿은 것만큼
주님의 사람이 되어가고
주님의 손으로 만진 만큼
주님을 닮아가지요.

오늘도
일하시는 주님의 손에서
작품으로 만들어져 가는
나는
주님의 걸작품.

내 모습 이대로

온 세상이
한 폭의 풍경화 같은 이 계절에
주님이 만드신 자연은
아름다운 그림으로
온 세상을 장식하며
창조주 하나님을 찬양합니다.

단풍나무
벚나무
은행나무도
각각 자기만의 색으로
잎을 물들이며
주인을 찬양합니다.

주님,
오늘 우리도
바로 이 자리에서
받은 은사대로 주님을 찬양하며
주님의 은혜로 물들어
사랑으로 타오르게 하소서!

지금은 공사 중

오늘도
주저앉고픈
환경의 늪에서
주님의 거울로
내 모습을 봅니다.
'지금은 공사 중!'

고된 훈련 속에서
나를 포기해야 하는
아픔이 있지만
주님의 거울에 비춰진
내 모습을 봅니다.
'지금은 공사 중!'

주님이 빚으시는 작품은
오차도 없고
실패도 없습니다.
지금은
공사 중일 뿐입니다.

주님의 손에서
모난 부분이 깎이고
다듬어지는 동안
산고의 진통을 하는 것뿐입니다.

오늘
부서져야 할 게 있다면
철저하게 부수시고
다시 만지셔서
서롭게 만드소서.

이제는
주님의 거울에 비춰질
미래의 내 모습을 봅니다.
'이제는 공사 끝!'

나의 새 이름

옛날의 내 이름은
L. H. D.

그 이름을 가지고
내 멋대로 살길 고집했지요.

어느 날 다가오신 주님은
새로운 삶을 주시겠다고
그 이름을 달라고 하셨습니다.

그렇지만 나는
뿌리치면서 외쳤어요.
내 마음대로 살겠다고….

내 고집은
태산과 같은 암벽에 부딪치며
한순간 물거품이 되어 버렸습니다.

주위를 돌아보고 또 돌아보아도
남은 건
아무것도 없었습니다.

그렇게도 고집하던 내 이름이
가루가 되어 무너진 그곳에서
새로운 내가 태어났습니다.

그 이름은
그리스도인!

내가 나 된 것은

고난의 거울을 통하여
세상을 보기 시작했습니다.

훈련의 거울을 통하여
인생을 알기 시작했습니다.

연단의 거울을 통하여
주님을 깨닫기 시작했습니다.

십자가의 주님을 통하여
천국을 보았습니다.

나 이제
천국을 바라보면서
오늘을 삽니다.

나의
나 된 것은
주님의 은혜!

이제 채우렵니다

세상의 거친 광풍 속에서
욕망이 하나둘
사라지기기 시작했습니다.

작열하는 폭염 속에서
욕심의 찌꺼기들이
조금씩 녹아내리기 시작했습니다.

그렇게 비우고 또 비워
아무것도 없는
빈 그릇이 되었습니다.

이제
그 빈 그릇을
내 주인께 드립니다.

그곳에
주님의 것들로만
채우려 합니다.

많은 사람들은

오늘도 많은 사람들은
세상의 부귀와 영화를 위해
육체의 쾌락을 향해
앞만 보며 달려가고 있어요.

그 끝에
무엇이 기다리는지도 모르구요.

주님은
고난을 보내시고
백발을 보내시며
인생에서 중요한 것이 무엇인지
깨달으라고 경고하셨습니다.

하지만
금방이라도 잡힐 듯하여
주위를 돌아보지 않고
앞만 보며 뛰었어요.
주춤거리면 놓칠 것 같아
귀를 막고 정신없이 달렸지요.

그러던 어느 날
머리는 백발이 되었고
지쳐서 쓰러지자마자
심장의 고동소리가 멈추었습니다.

영혼을 위해서는
아무것도 이룬 것이 없음을
깨달았을 그때는 이미
이 세상 사람이 아니었습니다.

인생이 칠십이요
강건해야 팔십이거늘….

주님과 함께 출발

고난의 풀무불 속에서
날 잊으신 것 같아 부르짖었지요.
"주님 어디 계셔요?"

고난의 터널 속에서
더듬거리며 외쳤지요
"내 손을 꽉 잡아 주세요!"

고난의 꼭대기에서
숨을 몰아쉬며 신음했지요.
"이제 나는 죽었습니다!"

그때
갑자기 소나기가 퍼붓듯이
응답을 쏟아내려주셨지요.

오 주님, 당신은
나의 신음하는 소리까지도
놓치지 않고 들으시며
나와 함께하셨군요!

이제
주님의 영광을 위해
가장 낮은 자로서
주님의 백성을 섬기는
증인이 되고 싶습니다!

자, 이제는
주님과 함께
출발!

사랑은 영원한 느낌표

용서

주님 때문에
용서한다고
수없이 다짐했지만
생각으로만 용서했습니다.

세월이 지나면
굴 흐르듯
미움도 아픔도 떠나고
용서가 저절로 될 줄 알았는데….

이제는
용서하지 못한
그 분노가
내 마음을 찌릅니다.

나는
용서할 수 없지만
주님의 은혜로만 할 수 있음을
이제야 알았습니다.

사랑의 노예

불평과 원망으로 뭉쳐진
이 마음이
십자가의 사랑으로
부서지게 하소서.

육신의 소욕으로 굳어진
이 자아가
주님의 보혈의 피로
녹아지게 하소서.

욕심으로 가득한
이 심령이
성령의 불로
타오르게 하소서.

주님의 은혜를 받은
사랑의 빚진 자로서
이제는 그 사랑을
나누며 살게 하소서.

십자가의 사랑을
값없이 받은 자로서
평생 삶으로 복음을 전하는
증인 되게 하소서.

오늘도
더 사랑하지 못함을
안타까워하며
십자가의 사랑으로
온 세상을 끌어안는
사랑의 노예가
되게 하소서.

사랑의 힘

사랑은 유행가 가사처럼
달콤하지만은 않아.
사랑은 소설 속의 주인공처럼
낭만적인 것만도 아니야.

사랑은
말이 아니라
가슴으로 하는 것!

자신을 포기하지 않으면
할 수 없고
십자가를 경험하지 않으면
이해할 수도 없는 것.

주님의 사랑을 느낀 자
그 사랑을 배우고
주님의 못 자국을 만진 자
그 사랑을 하네.

사랑은
가시도, 돌멩이도, 채찍도
모두 다 끌어안아
녹이는 용광로 같은 것.

내 힘으로
온전한 사랑을 할 수 없지만
주님이 내 안에 계시면
사랑하게 하신다네.

사랑은 영원한 느낌표

사랑은
둥근 것이라구요?
글쎄요.

사랑은
빨강색이라구요?
글쎄요.

사랑은
그저 주는 것이라구요?
글쎄요.

사랑은
사랑은
어떤 것일까요?

사랑은
한겨울의 따뜻한 아랫목이구요.
캄캄한 밤의 등불이구요.
사막에서 만난 한 그릇 냉수구요.

마음이 텅 빈 날,
포근한 어머니 품이에요.

사랑은
받아야만 모양을 알구요.
받아야만 색깔을 알아요.

사랑은
받은 것만큼 느낀 것만큼
알 수 있고, 사랑할 수 있지요.

사랑은
영원한 느낌표!

사랑은 배워 가는 것

주님의 영광을 위해
사랑을 달라 구했더니
주님은 사랑하기 힘든 자를
붙이셨습니다.

"주님,
사랑하기 너무 힘들어요!"
그러나
주님은 침묵하실 뿐….

그 긴 침묵 속에서
부서지고 낮아지고
만들어지는 것은
바로 나였지요.

오랜 세월이 흐른 후
주님은 내 삶을 통해
깨닫게 하셨습니다.

"네가 사랑의 은사를
달라 하지 않았니?
사랑은
온몸으로 배워가는 거란다!"

이런 가정이 되게 하소서

주님 !
이런 가정이 되게 하소서!

믿음의 기초 위에 튼튼하게 세워
세상의 풍파도 침범하지 못하고
마귀도 접근 못하는
소망과 사랑이 넘치는
가정이 되게 하소서.

아내는 주께 복종하듯
남편을 섬기고
남편은 주께서 교회를 사랑하듯
아내를 사랑하여
교회가 연합하는 사랑을 이루는
가정이 되게 하소서.

‘어떻게 하면 남편을 도와줄까?
어떻게 하면 아내를 사랑할까?’
십자가 사랑으로
날마다 에덴 동산을 회복하는
가정이 되게 하소서.

부부는 서로 복종하고
부모님께 효도하며
자녀를 사랑함으로
주님을 섬기는 가정이 되게 하소서.

세상에서 온종일
시달리고 지쳐서 돌아와도
가정의 품안에 안겨서
모든 시름을 잊고

영육의 평안함을 누리며
진정한 쉼을 누릴 수 있는
가정이 되게 하소서.

아버지의 사랑 보고
하나님의 사랑 알고
어머니의 사랑 보고
예수님의 사랑 알아

하나님을 찬송하는
작은 교회 되고
예수님이 주인이신
천국 이루는
가정이 되게 하소서.

타임 아웃

아내는 남편이
틀리다고 투정부리고
남편은 아내가
복종하지 않는다고 윽박지릅니다.

그러나
아내의 생각이
다 옳은 것도 아니고
남편의 생각이
다 옳은 것도 아닙니다.

서로가 고집을 내세운 채
등을 돌리면
오뉴월 서릿발보다 매섭고요.
한겨울 시베리아 벌판보다 더 차가워서
지옥이 따로 없대요.

타임 아웃!
서로 다르다고
틀린 것은 아닙니다.
서로 다름에는
놀라운 비밀이 있습니다.

남편에게 복종하는 것은
주님께 복종하는 길.
아내를 사랑하는 것은
주님을 사랑하는 길.
피차 섬김으로
주님을 섬기는 것입니다

주님은
우리 가정에
아주 놀라운 계획을
가지고 계십니다.

가정

엄마의 한숨 소리에
마음이 움츠러듭니다.
아빠의 큰소리에
마음이 무너집니다.

엄마의 울음소리에
온 집이 흔들립니다.
아빠의 고함소리에
우주가 빙빙 돕니다.

엄마의 잔잔한 미소에
마음이 환해집니다.
아빠의 웃음소리에
온 집안이 행복합니다.

두 분의 웃음소리에
온 세상이 아름답습니다.

엄마 아빠는
자녀에게 온 우주입니다.

내 생애 최고의 선물

어머니,
당신은 하나님이 보내 주신
천사입니다.

당신은
내가 아파할 때
통곡하며 기도하셨고
내가 기뻐할 때
춤을 추며 기뻐하셨지요.

새벽마다 흘리시던
기도의 눈물을 먹고 자란 나는
날마다 들려 주셨던 말씀을
심비에 새겼습니다.

한평생
자식에게 모든 것을 주셨던
당신은 나의 분신이요
마음의 고향입니다.

자라서 둥지를 떠난 뒤에도
항상 그 둥지를 그리워했고
세파에 시달리다가도
돌아가 쉴 수 있는
둥지가 있어서
외롭지 않았습니다.

나는
당신이 삶으로 쓰신
성경 말씀을
제일 좋아합니다.

어머니,
당신은 바로
하나님이 보내 주신
내 생애 최고의 선물입니다.

어머니는 하나님의 소망

하나님은
그 자녀들을 맡기시기 위해
어머니의 마음속에
하나님의 사랑을 심었지요.

모진 풍파 속에
살점이 떨어져 나가도
자식만을 지키려는
어머니의 위대한 사랑.

하나님은
그 기업인 자녀를 위하여
어머니를 택하셨지요.

어머니가 무너지면
자식이 무너지고
자식이 무너지면
하나님의 소망 또한 무너집니다.

어머니는
하나님의 소망.

아버지의 눈물

세파에 흔들릴 때에도
달콤한 유혹이 다가올 때도
과감하게 뿌리칠 수 있었던 것은
아버지, 바로 당신 때문이었습니다.

많은 사람들이
엘도라도의 길로 몰려 갈 때도
청렴결백한 모습으로
그곳에 우뚝 서 계셨던 아버지!

세상과 조금만 타협했더라도
풍요로운 세상문화를
즐길 수도 있었지만,
정직함이 재산인 당신은
한결같이 올곧게 살아오셨지요.

가정을 지키기 위해
무거운 짐을 혼자 지고
고통과 아픔을 삼키며
쉼 없이 노 젓는 당신은
외로운 사공이셨습니다.

이제 자식들을 하나 둘
목적지에 내려놓으시고
안도의 한숨 내쉬며 땀을 닦으실 때
그 땀과 함께 흘러내리는
아버지의 눈물을 보았습니다.

철부지였던 우리는
강한 당신은 눈물이 없는 줄 알았는데
흘러내리는 눈물을 보면서
그 눈물이야말로 진주처럼 빛나는
사랑의 결정체임을 알았습니다.

항상 변함없이
그 자리에 묵묵히 서 계셨던
당신을 보면서
하나님의 사랑을 이해하며
신뢰할 수 있었습니다.

아버지,
당신은 우리의 뿌리요,
기둥이며, 율법이셨습니다.
바로 당신의 모습 속에
우리가 들어 있고,
바로 당신의 모습 속에서
우리는 하나님을 보았습니다.

은혜 주소서

평안히 품안에 잠든
아이의 얼굴을 보면서
가슴속에서부터 끓어오르는
사랑이 솟구쳐 오릅니다.

아직 세상을 모르기에
온실 안의 화초처럼
마냥 예쁘기만 합니다.
거친 세상을 잘 헤쳐 나가도록
이 아이의 앞길을 인도하여 주소서!

곤히 잠드신 부모님의 얼굴을 뵈오니
세상의 모진 풍파를 견디시느라
고우시던 얼굴은 간데없고
야위신 얼굴에 주름살이
고랑을 이룹니다.

주님,
아직 화초같이 연약한 아이에게는
적당한 바람으로 훈련시켜 주셔서
광야 같은 이 세상을 잘 헤치고 나가
세상을 정복하고 다스리는
믿음을 주소서.

서상의 광풍으로
너무 지치신 부모님께는
자손으로 인한 기쁨과 보람을 주시고
이후에 주님 나라에서 그 주름살이
상큼으로 변하게 하소서!

소망의 나무

아침에 일어나면
맨 먼저
소망의 나무에게 달려갑니다.
오늘은 얼마나 자랐을까?

말씀으로 거름을 주고
기도의 눈물을 뿌리면서
정성을 다해 키운 소망의 나무.

어느 날
먹구름이 몰려오더니
햇빛을 가리며
실망의 그늘이 드리워졌습니다.

갑자기 불어닥친
절망의 광풍은
소망의 가지를 뿌리째
흔들었지요.

그러나
뿌리 깊은 나무는
흔들릴 뿐
결코 뽑히진 않았습니다.

먹구름도
광풍도
지나가는 것일 뿐.

소강의 나무는
움츠렸던 가지를 펴고
다시금 하늘을 향해
힘차게 뻗어 오릅니다.

5장

너, 지금 기도할 수 있잖니!

절망 속에서 할 수 있는 것

모든 것이 무너져 내린
환경 속에서도
꼼짝할 수 없는
질병 속에서도
할 수 있는 것
하나 있으니

주님께
기도하는 것.

모든 것을 포기하고픈
낙망 속에서도
아무것도 보이지 않는
절망 속에서도
할 수 있는 것
하나 있으니

바로
주님께
기도하는 것.

기도는

옷깃을 여미듯 마음을 여미고
마음의 골방에 들어가서
세상의 줄을 잠시 끊고
주님께 나아갑니다.

인생의 모든 짐을
십자가 밑에 내려놓고
절망의 늪에서 나와
의심의 구름을 헤치고
하늘을 향하여 두 손을 듭니다.

기도는
나 자신을 완전히 포기하고
주님께 나아가서
마음의 소원을 주님께 드리고
주님의 뜻을 구하며
묵묵히 기다리는 것.

기도는
영혼의 깊은 호흡이요
주님과의 교제이며
주님의 뜻을 이루는 헌신.

내 욕심대로 구하거나
중언부언하지 않고
주님과 타협하려 하거나
강요하지 않고
오직 주님의 뜻만 구하는 것.

"아버지여, 아버지여
내 원대로 마옵시고
아버지의 뜻대로
되기를 원하나이다!"

응답

기도의 응답을 듣기 위해
얼마나 애타게 부르짖으며
주님께 외쳤던가요?

말씀의 응답을 받기 위하여
얼마나 간절히
주님을 찾았던가요?

외치고 또 외쳐도
부르고 또 불러도
침묵하시는 주님.

그 침묵 앞에
뼈가 말랐습니다.
심장이 떨렸습니다.

오랜 기다림 속에
믿음을 배웠고
고된 훈련 속에서
주님의 사랑을 배웠습니다.

눈물을 삼키며
주님의 뜻이 이루어지길
영혼의 메아리로 기도했을 때
주님은 어느 날,
스나기처럼 응답을 쏟아내셨습니다.

내가 원했던 것보다
더 좋은 것으로
주님이 주셨습니다.

너, 지금 기도할 수 있잖니!

무너져 내리는
현실 앞에
아무것도
할 수 없었습니다.

절망하는
슬픔 속에서
아무것도
할 수 없었습니다.

모든 것을
다 잃은 후에
아무것도
남지 않았습니다.

주님
나는
아무것도
할 수 없습니다.

그러나
내 영혼의 두드림
"너, 지금
기도할 수 있잖니!"

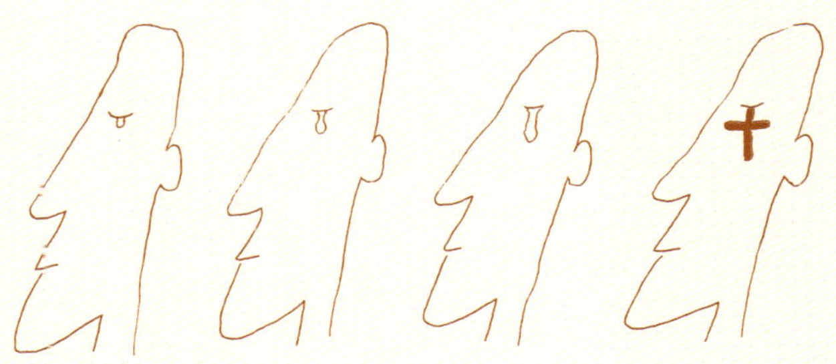

믿음은 1

믿음은
단거리 경주가 아닌
장거리 경주.
단순한 이론이 아닌
철저한 실제 상황.

믿음은
내가 주님을
믿는 것이 아니요
주님이 나로 하여금
믿게 하는 것.

믿음은
하루아침에
만들어지는 것이 아니라
날마다
만들어져 가는 것.

내가 완전히 부서지고
온전히 주님만을
신뢰하는 것.

믿음은
바로
그런 것!

믿음은 2

믿음은
형통한 날뿐만 아니라
곤고한 날에도
주님을 신뢰하는 것.

믿음은
평탄한 대로뿐만 아니라
눈물의 골짜기와 절망의 늪에서도
그분을 바라보는 것.

믿음은
모든 상황 속에서
한 걸음 더 나아가
내일을 바라보는 것.

믿음은
모든 것을 이루는
구원의 열쇠.

주님은 오늘도 말씀하십니다.
"믿음이 작은 자여,
어찌하여 의심하느냐
너희 믿음대로 될지니라."

믿음은 3

믿음은
휘몰아치는 폭풍도
삼킬 것 같은 풍랑도 보지 않고
오직 나를 위해
바다 위로 걸어오시는
주님만을 볼 뿐입니다

믿음은
과거에 얽매이거나
현재에 머무르지 않고
푯대 되신
주님만을 향하여
나갈 뿐입니다.

믿음은
주님의 섭리에 모든 것을 맡기고
인생의 배가 흔들리거나
폭풍우가 와도 감사하며
선장이신 주님의 품안에서
찬송하며 가는 것입니다

믿음은
나를 위해 준비하신
내일을 손에 쥐고 계시는
주님을 바라보며
주님과 함께
누리는 것입니다.

믿음으로 걷게 하소서

믿음으로
주님을 바라볼 때
바다의 풍랑은
보이지 않았습니다.

믿음으로
주님을 바라볼 때
바다 위로 걷는 내 발도
보이지 않았습니다.

그러나 갑자기 들려오는
바람 소리!
파도 소리!
그리고 초라한 내 모습!

갑자기 엄습한 두려움에
주님의 손을 놓는 순간
물 속에 빠졌습니다.
"주님, 나를 구하소서!"

그때 다가와
내 손을 잡으신 주님,
"믿음이 적은 자여
왜 의심하느냐?"

모든 것을 삼킬 것 같은
인생의 바다 위에서도
주님만을 바라보며
믿음으로 걷게 하소서.

참 평안은

참 평화는
하늘에서 내려오는 것.
이 평화는 주님이
십자가에서 이루셨지요.

십자가로 거듭난 자만이
누릴 수 있는 참 평화.
이 평화를 얻은 자만이
참 평안을 누립니다.

참 평안은
풍랑 이는 바다 위에서도
공포의 사자굴 속에서도
주님을 신뢰함으로
그 품안에서 누리는 안식입니다.

주님은 말씀하십니다
"너희에게
평강이 있을지어다!"

삶이 곧 기도

입술로는
주님을 사랑한다고 고백해도
삶으로 나타나지 않는다면
신자를 가장한 위선자일 뿐.

삶의 현장에서
결코 불평하거나 원망할 수 없음은
우리의 삶 자체가
기도이기 때문입니다.

이제는
불평이 변하여 감사가 되었고
원망이 변하여 찬양이 되었으며
미움이 변하여 사랑이 되었으니
삶으로 주님 앞에서 기도합니다.

우리의 모습은
항상 '코람 데오!'(하나님 앞에서)

이제야 누립니다

폭풍이 휘몰아치는 광야에서
쓰러지지 않으려고 안간힘을 쓰며
외쳤지요.
"주님, 힘을 주소서!"

태양이 작열하는
사막 한가운데서
부르짖었지요.
"한 방울의 물이라도 좋사오니
내 입에 찍어 주소서!"

주변을 바라보고
비교하며 말했지요.
"행복한 세상에
왜 저만 따돌려졌나요?
주님, 저도 그 행복 주세요!"

언젠가는
고대하는 선물 주시리라
하늘만 바라보며
조바심 어린 소녀처럼
설레임으로 꿈을 꿨죠.

주님의 말씀 속에서
단련되어가던
그 어느 날
니게 힘주시는
주님의 손길 느꼈어요.

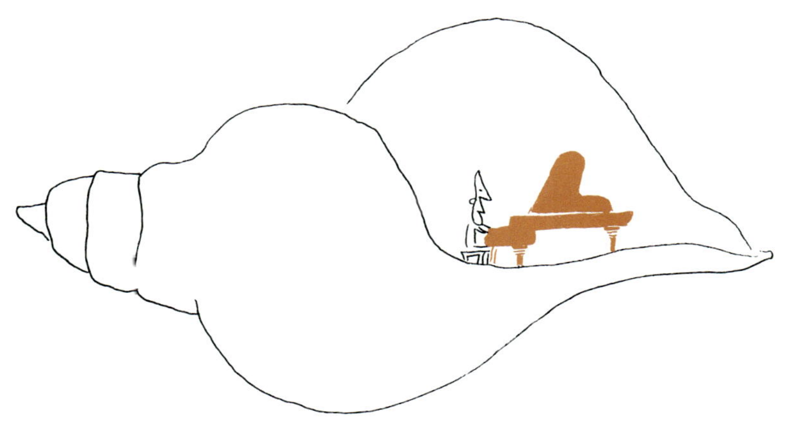

그제서야
내 앞에 흐르는
생수의 강을 보고
내 속에서 솟아나는
행복을 느꼈어요.
주님, 당신은 나의 모든 것이었군요.

이제야 나는
휘몰아치는 폭풍이나 거친 사막,
무관심의 사각 지대라도
세상이 알 수 없는
기쁨과 평안을 누립니다.
주님의 품안에서.

형통을 누릴 때

모든 일이
잘 되어갈 때만이
형통한 것은 아닙니다.

요셉은 감옥에서도
형통한 자가 되었고
다윗은 쫓겨 다니면서도
형통한 자가 되었듯이

주님과 동행하면
광야에서도
단칸방에서도
육신의 고달픔 속에서도
형통을 누립니다.

눈에는 아무 증거 아니 보이고
귀에는 아무 소리 아니 들려도
주님만을 온전히 신뢰하며 나갈 때
이 형통을 누릴 수 있답니다.

앞서 가시는 주님

순풍에 돛 단 듯이
인생이 흘러갈 때
주위를 바라보면서
미소를 지었어요.

그러나 어느 날
갑자기 몰아친 광풍은
인생의 배를 침몰시키려고
위협했습니다.

인생의 절벽에서
버둥거리는가 하면
눈물의 골짜기에서
허우적거렸어요.

고난의 아픔 속에서
흘러내린 눈물이 내 영혼을 적셨고
회개의 눈물로 말갛게 씻어질 때
내 영혼이 눈을 떴습니다.

나는 보았어요.
내 손을 붙들고 계신 주님의 손을!
내 인생의 여정에서
날마다 한 걸음 앞서 가시는 주님을!

기적은

사람들은 기적을
눈으로만 보려 하지만
진정한 기적은
마음의 눈으로 봅니다.

기적은 여기에 있나니
주님이 나를 위해
죽으신 것입니다.

이를 믿는 것이
우리 삶 속에서
기적을 일으킵니다.

다니엘이 들어간 풀무불 속에서도
요나를 삼킨 물고기 뱃속에서도
기적이 일어나듯이….

"믿음은
바라는 것들의 실상이요
보이지 않는 것들의 증거니"(히 11:1).

'할 수 있거든이 무슨 말이냐 믿는 자에게는
능히 하지 못할 일이 없느니라 하시니"(막 9:23).

광야 신학교

고난은 나의 친구

고난은
내가 쥐었던 손을 펴게 하고
감겼던 눈을 뜨게 하며
멈추었던 발걸음을
달려가게 합니다.

고난은
주께서 허락하신 축복의 도구.
오늘도 나를 빚으시는 주님은
고난이라는 친구를 통해
나를 조금씩 다듬어 가십니다.

축복의 도구 고난은
나의 소중한 친구!

광야 신학교

이 학교에는
아무나 들어갈 수 없어요.
주님이 보내셔야 갈 수 있지요.
인생의 최고학부, 광야 신학교.
이 학교는 사람들에게
인기가 그다지 높지 않아요.
많이 외롭고 힘이 들거든요.

광야는 아파요.
깎여야 되니까요.
광야는 외로워요.
혼자니까요.
광야는 힘들어요.
무너지고 깨어져야 하니까요.

내가 깨어져야만
주님의 사람으로
다시 설 수 있고
내가 무너져야만
주님의 사람으로
다시 만들어질 수 있죠.

광야의 모진 훈련은
인생에 꼭 필요한 훈련장.
광야에서
주님의 사람으로 만들어져서
주님의 사람으로 헌신되어지니

광야 신학교는
주님을 배우는
최고의 학교!

고난의 터널

고난의 터널에 들어갈 때
몸부림치며 부르짖었습니다.
'왜 나만 들어가야 되나요?'

고난의 터널 속에서
암흑 속을 헤매며
두려움과 공포 속에서
한없이 울었죠.

"주님, 빛을 주세요.
길을 보여 주세요.
나를 버리지 마세요.
나를 잊지 마세요."

캄캄한 고난의 터널 속에서
십자가만 보여 주셨던 주님은
넘어질 때 일으키셨고
탈진할 때는 먹여 주셨으며
외로울 때는 안아 주셨고
걷지 못할 때는 업어 주셨지요.

고난의 터널은
혼자 들어가
혼자 나와야 하는 길.

이제야
알게 된 주님의 뜻
잊지 않게 하소서.
고난의 터널 속의 아픔보다
주님과의 은밀한 교제를….

주님의 침묵

풍랑 이는 바다 위에서
절망하는 제자들에게
물 위로 걸어오시기 전까지
주님은 침묵하셨습니다.

나사로가 죽음으로
오열하는 동생들을 보며
죽은 나사로를 일으키시기까지
주님은 침묵하셨습니다.

주님이 침묵하시는 동안에
역사는
주인이신 주님의 명령을 받기 위해
고요합니다.

절망의 늪과
고난의 아픔 속에서
부서지고, 다져지고
만들어지는 준비가
이 침묵 가운데 있었습니다.

주님의 침묵은
기적으로 연결되는
축복의 통로입니다

자기 백성에게
오래 기다려 주시는
주님의 침묵이 있었기에
바로 오늘
내가 여기에 있습니다.

주님께서 정하신 이 훈련의 때에
이제는 불평하지 않고
예비하신 그날을 기다리는
설레임 속에
주님이 침묵을 깨시는
그때를 기다립니다.

어둠아, 너 지금

모든 것을
다 삼킨 것 같은
한밤중의
칠흑 같은 어둠.

두려움
불안
초조
침묵….

갑자기 비취는
찬란한 빛,
순식간에 사라지는 어둠.

주위를 돌아보고
또 돌아봐도
보이지 않는 어둠.

"어둠아,
너 지금
어디로 갔니?"

또 울어요

그때는
너무나 힘든 일을
나만 당한 것 같아
엉엉 울었어요.

날마다
부서지지 않는
내 모습이 싫어서
펑펑 울었어요.

하루하루
간절한 소망이
너무 더디 이루어지는 것 같아
또 눈물지었지요.

하지만 오늘은
주변의 이웃들이
당하는 고난에
마음 아파 울어요.

그들을
더 섬기지 못해
눈물을 흘리며
죽어 가는 영혼들을
더 많이 전도하지 못해
통곡하며 웁니다.

좋은 군사가 되려면

실력 있는 군인이 되기 위해
피나는 훈련이 필요하듯이
그리스도의 참 좋은 군사가 되려면
각자에게 맞는
훈련을 받아야 하지요.

그 길을 가기 위해선
자아가 깨어지는 아픔과
자신을 포기해야 하는 어려움도
감수해야 합니다.

하나님의 사람으로 세우기 위해
미리 예정하고 섬세하게 계획하신
그 훈련을 통과하면
생애 최고의 황금기를
맞이합니다.

이제는
그리스도의 좋은 군사로서
주님과 함께
날마다 승전가를 부르며
주님의 영광을 위해
전진!
전진합니다.

연단

풀무불이
뜨거우면 뜨거울수록
불순물이 녹아내려
정금이 나오듯이

고난의 잔이
쓰면 쓸수록
의심과 불신앙이 녹아 내려
정결한 믿음이 나옵니다.

주님,
흙 도가니에
일곱 번 단련한 은과 같이
나를 온전히 단련하여
세상이 감당치 못하는
순결한 주님의 사람이
되게 하소서!

"내가 가는 길을 그가 아시나니
그가 나를 단련하신 후에는
내가 순금같이 되어 나오리라"(욥 23:10).

연단, 그 후

주님께서
나를 치셨으므로
무릎을 꿇었나이다.

주님께서
나를 꺾으셨으므로
벙어리가 되었나이다.

주님께서
나를 만지시는데
누구를 원망하리이까?

내가 고통 가운데 있을 때
사람을 찾지 아니하고
오직 주님 앞에 엎드립니다.

주님은 나의 아버지시라
때리기도 하시고
싸매기도 하십니다.

나를 치시고 꺾으실 때도
주님의 뜻이 있었고
계획이 있었습니다.

주님이 나를 연단하신 후
일으켜서 새롭게 하셨으며
갈절의 은혜를 준비하셨습니다.

주님,
오직 주님만이
ㄴ의 주인이십니다.

믿음, 소망, 사랑의 훈련장

길들여지길 거절하는
야생마처럼
내 마음대로 고집부릴 때
조용히 다가오신 주님은
믿음, 소망, 사랑의 훈련장으로
나를 보내셨어요.

고난의 풀무불 속에서
죄악의 불순물들이
녹아내린 후에야
믿음을 배웠습니다.

끝도 보이지 않는
훈련과 연단 가운데
오랜 세월 속에서
소망을 배웠습니다.

쓰러지고 또 쓰러지는
아픈 상처들 속에서도
어루만지며 싸매시는 그 손끝에서
사랑을 배웠습니다.

골수에 새기고 심장으로 배운
믿음, 소망을 간직하고
그 사랑을 전하러
이제 떠나렵니다.

주님을 위해 준비하신
세상을 향해….

고난의 학교 졸업장

내 영혼의 어린 시절,
길들여지길 거부하는 야생마처럼
내 뜻대로 살았지요.

어느 날
주님은 조용히 다가오셔서
고난의 학교에 나를 입학시키셨어요.

혹독한 훈련이 싫다고
날뛰어도 소용없었고
멀리 도망칠 수도 없었죠.

졸업장 없이는
아무도 이 학교에서
나갈 수가 없다는 엄중한 법칙!

몸부림치다가
나를 조금씩 내려놓고 포기하며
새로워져가던 어느 날
풀무 속에서 단련되어
새롭게 변화된
내 모습을 보았어요.

오 주님, 바로 이것이었군요!
그때 조용히 다가오셔서
내 손을 살며시 잡으신 주님,

“자, 이제 합격이다
졸업장을 주노라!”

나 노래하리라

힘든 인생의 여정에서
고난의 가시 때문에
아파서 노래할 수 없다고
나 부르짖었네.

자꾸 주위를 돌아보며
"노래할 이유 있는 자들처럼
평안 주신다면 노래하리라"고
소리쳤다네.

그러나
주님은 나를 흔들고 어루만지시며
노래할 수 있는 그 비밀을 찾게 하셨고
노래하는 그 비밀 알게 하셨네.

원망했던 그 고난으로 인해
내 모습 보게 되었고
내 모습 알게 되었고
내 안에 계신 주님
만나게 되었네.

이제,
진정한 내 모습 알게 한
고난의 가시를 끌어안고
날 구원하신 주님을
다시 노래하리라.

밤중의 노래

주님은 때때로 우리에게
인생의 밤을 주시고
밤중에도 노래하게 하시죠.

이 밤중에 부르는 노래는
한낮에 부르는 노래와는
차원이 달라요.

모든 것을 다 잃어버렸을 때
진정한 자신을 볼 수 있고
모든 것이 떠난 후에야 비로소
주님이 보이기 시작합니다.

주님을 만난 자는
모든 것을 다 잃어버려
밤잠을 이루지 못하는
절망의 밤에도 노래합니다.

이 노래는
눈물 없이는 부를 수 없기에
두 손을 높이 들고
영혼의 깊은 메아리로 부릅니다.

이 노래는 피조물인 인생이
창조주 아버지께 드리는 번제.
오늘도 주님은 사람들에게
인생의 밤을 주시고
노래하게 하십니다.

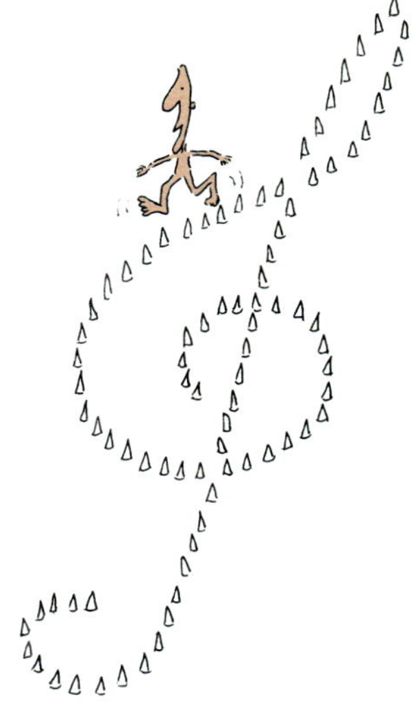

인생의 노래

산골짜기에 흐르는 개울물은
물 밑에 있던
돌멩이와 만나
멜로디를 연주하며
창조주를 노래합니다.

우리가
살아가면서 만나는
고난의 돌멩이들은
인생에서 새 노래를
만들어 냅니다.

우리의 새 노래를
원하시는 주님은
고난의 돌멩이를 통해
각기 다른 화음이 어우러진 오케스트라로
만유의 주를 찬양하게 하십니다.

진정 고난은
창조주와 구세주를
바로 알게 하며
인생을 가르쳐 주는
보석 같은 친구!

나도 인내하노라

어느 때까지니이까?
이 고난의 때가 차기까지.
어느 때까지니이까?
주님이 침묵을 깨시는 그날은…

절망과 좌절의 아픔 속에서
숨을 헉헉거리며
영혼의 신음으로
부르짖었지요.

주님,
내가 세상을 향하여
무엇이라 말하리이까?
깨소서!
일어나소서!
나를 신원하소서!

두 눈은 하늘을 향해
두 손을 높이 들고 외치는 말,
"나의 아버지여
내가 여기 있나이다!"

기나긴 침묵 속에서
영혼을 울리는 세미한 음성,
"그릇이 차기까지
나도 인내하노라!"

은혜로 사는 하루

산다는 것은 황홀하다

주님
오늘 나를 위해
어떤 일을
예비하셨는지요?

오늘
내가
그 은혜를 기대하며
아침의 문을 엽니다.

눈빛이 멈추는 곳마다
손끝이 스치는 곳마다
발길이 닿는 곳마다
주님이 하실 일들을 주목합니다.

주님,
오늘 내 삶 속에서 행하실
그 황홀한 일들을 기대하며
하루를 시작합니다.

이런 하루가 되게 하소서

한 포기 풀 속에서도
주님의 솜씨를 보게 하시고
스쳐 가는 바람결 속에서도
주님의 손길을 느끼게 하소서.

잠시 스치는 사람들 속에서도
주님의 사랑을 알게 하셔서
걸음걸음을 인도하시는
주님의 은혜를 깨닫게 하소서.

구하는 것보다
감사하는 일이 더 많게 하시고
섬김을 받는 것보다
먼저 섬기게 하소서.

순간순간 주님과 걸으며
오늘의 삶 속에서
최선의 것으로 주님께 드리는
하루가 되게 하소서.

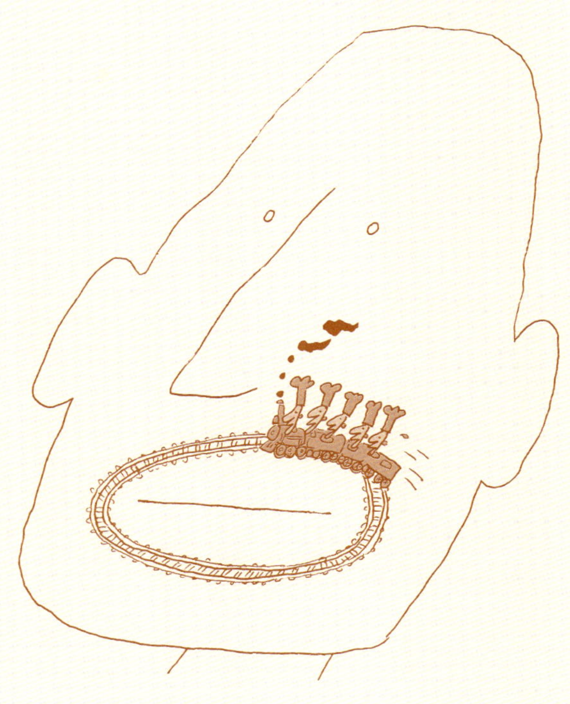

오늘의 양식

나그네 인생길에서
주님께 기도했지요.
"주님, 내일 양식까지 주세요."
그러나 주님은
오늘의 양식만 주셨습니다.

투정부리는 아이처럼
주님께 하소연하면서
내일 양식까지
더 달라고 떼를 썼지요.

조용히 다가오신 주님,
"너희에게 허락한 것은
오늘의 양식이고
내일은 또 내가 준비한단다."

은혜로 사는 하루

주님!
고난으로 인해
추스렸던 마음이
다시 무너집니다.

기도할 힘을 잃었어요.
주님, 오늘도
또 하루의 은혜가
필요합니다.

이미 나는
죽은 줄 알았었는데
꿈틀대는 옛 자아…

주님
오늘도 나는
주님의 은혜가
또 필요합니다.

오늘 하루 주님을 기대하며

오늘
주님이
나를 어떻게 보실지
궁금합니다.

오늘
주님이
나를 어떻게 사용하실까
기대합니다.

바로 오늘
내 삶 속에
혹시 역사하시지 않으실까 봐
두렵고 떨립니다.

나는
하루하루
주님께 사용되어지기만을
간절히 기도합니다.

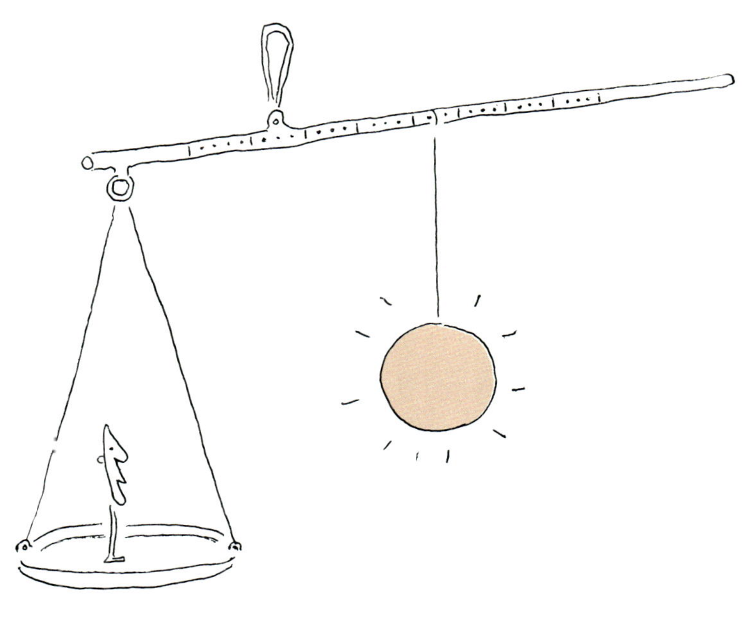

나 이제야

찬란한 햇빛 주시지 않고
침침한 별빛 주셔서
답답하다고 나 불평하였네.

오랜 세월 지난 후에야
희미한 별빛 너머 빛나는
황홀한 빛 있음을 나 보았네.

낮에는 내 손잡고 가셨던 주님
깜깜한 밤엔 나를 업고 가셨네.

어둠을 통과한 자만이
밝은 낮을 알 수 있듯이
어둠의 교훈을 배운 자만이
주님의 섭리를 이해할 수 있다네.

어둠의 의미를 깨달으면
교만하지 않고
무례하지 않으며
주님의 뜻을 행하게 된다네.

어두운 밤을 허락하신 주님은
밝은 낮도 이미 준비하셨지.
깜깜한 밤을 바로 아는 자만이
광명한 낮을 바로 알 수 있다네.

왜 햇빛부터 주시지 않으시고
별빛부터 주셨는지
나 이제야
그 섭리를 알게 되었네.

어젯밤에는

어젯밤을
꼬박 새웠습니다.

너무 기뻐서
잠도 오지 않았어요.

내 가슴은
감격으로 벅차 있었거든요.

어제의 일이 꿈만 같아서
살을 꼬집어보기도 했답니다.

바로 어제
천하보다 귀한 한 영혼이
나를 통하여
주님께 돌아왔기 때문입니다.

영원한 것

아름답게 피었던 꽃들은
소리도 없이
시들어 갑니다.

탄생을 알리는 그 순간에도
다른 한 편에서는
떠나는 인생도 있습니다.

영원할 것만 같지만
이 세상에
영원한 것은 없습니다.

주님의 손에
그렇게도 찾아 헤매던
영원이 있습니다.

나 이제야
그 영원을 찾았습니다.
내 안에 계신 주님 안에서!

내일을 잘 준비하려면

내일을 내다보는 자는
오늘을 함부로 살지 않습니다.
우리는 주님의 청지기니까요

신실한 청지기는
주인의 마음을 헤아리고
오늘 최선을 다하여
주인의 명령을 행합니다.

내일은 내 것이 아님을 아는
지혜로운 청지기는
오늘의 일을
내일로 미루지 않습니다.

내일 일은 아무도 모르지만
내일을 만드신 주인은
내일 일을 아신답니다.
내일의 주인은 주님이니까요.

내일을 잘 준비하는 사람은
오늘 하루를 선물로 받아
지금, 내가 선 자리에서
살아 있는 시간을 만들어갑니다.

내일 주님 앞에
떳떳이 설 수 있도록….

지금 어디로

모든 사람들이
제각기 목적을 향해
눈앞의 것만 보고
종종걸음으로 달려갑니다.

빨리
좀 더 빨리
성취하고 누리려고
목표를 향해 열심히 달려갑니다.

금방이라도
잡힐 듯하여
필사의 각오로 뛰었지만
어느 순간 고꾸라지고 맙니다.

영원한 행복을 누리려고
그렇게 쉼 없이 달려왔건만,
그 행복을 누리기도 전에
물거품이 되었습니다.

당신은 지금
어디를 향해
그렇게도 급하게
가고 있나요?

다 아름다워요

주님이 주신 것은
다 아름다워요.

육신의 질고는
정욕의 소망을 끊고
마음의 상처는
세상의 소망을 끊으며
영혼의 가난함은
천국에 소망을 두지요.

주님이 주신 것은
다 아름다워요.

단칸방도
단벌의 옷도
힘들다고 불평했던
고난도 아름다워요.

항상 맞지 않는다고 불평했던
부부의 모습도 아름답고
내 맘대로 되지 않는
자식들도 아름다우며
내게 가시처럼 찔러대던
이웃도 아름다워요.

추우면 춥다고,
더우면 덥다고 투정부렸지만
오늘도 전능자의 손에서
만들어져 가는 나는
주님의 것이기에
이젠 나도 내가
좋아지게 되었어요.

오늘도
이 모든 것을
주님께서 허락하셨기에
주님이 주신 모든 것은
다 아름다워요.

가나안에 들어가려면

그 얼마나 고대하던
가나안이었던가!

꿈에도 그리던
가나안에 도착했지만,
가나안은 정복해야 할 땅.

주님이 약속하신 축복의 땅을
설레이는 마음으로
힘차게 내디뎌 봅니다.

가시에 찔려 아파도
돌부리에 채여 넘어져도
주님의 약속만 기억하면서

한 발자국
한 발자국
순종함으로 나아갑니다.

주님은 말씀하십니다.

"너희 발바닥으로

밟는 곳은 모두 내가 너희에게 주었노니"(수 1:3).

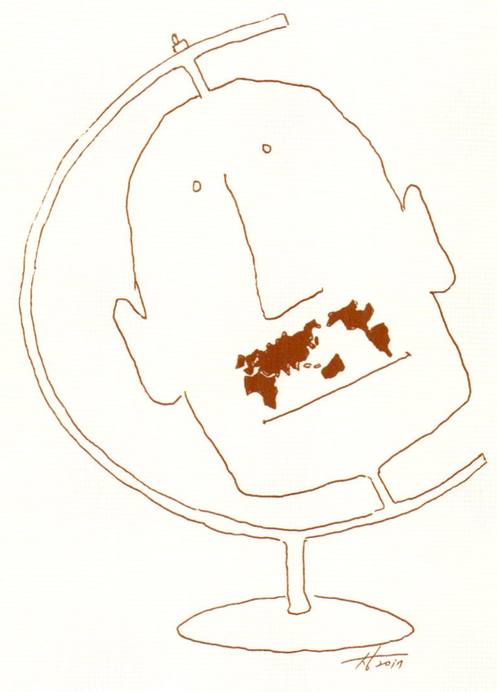